EL VIAJE
DE UNA MADRE

*Un Devocional **para el Embarazo***

EL VIAJE
DE UNA MADRE

*Un Devocional **para el Embarazo***

MELISSA HEILAND

El Viaje de una Madre: Un Devocional para el Embarazo

© 2011 Hendrickson Publishers Marketing, LLC
P. O. Box 3473
Peabody, Massachusetts 01961-3473

ISBN 978-1-61970-497-8

Para más información, comuníquese con:

Melissa Heiland
mheiland@comcast.net
www.beautifulfeetinternational.com

Impreso en los Estados Unidos de América

Primera edición en la imprenta Hendrickson — Marzo 2015

Este libro está dedicado a mi amigo y hermano en Cristo, Todd Metts. Viviste y moriste sirviendo a Dios. Estaremos juntos alabando a Dios algún día en el cielo.

Reconocimientos

En primer lugar quiero agradecer a mi Señor y Salvador Jesucristo. Él me da vida, sostiene mi vida y todo lo bueno en mi vida es gracias a Él.

En segundo lugar, le agradezco a mi esposo Ken. El siempre me ha mostrado como es Jesús—amoroso, perdonador, fiel, paciente. No hubiera escrito este libro sin su ánimo y apoyo.

Gracias a mis hijos—Michael, Josh, Melissa, Jack, Andy y Nick. Los amo más de lo que ustedes pueden imaginar. Oro para que Dios los bendiga mucho.

Estoy muy agradecida con *Enfoque a la Familia* por su ayuda en hacer este libro. Agradecimientos especiales a Betsy Powell por su contribución tan generosa.

Gracias a mis amigos que oran. Su compañerismo es valioso para mí. Este libro es el resultado del trabajo de sus rodillas.

Gracias a todas mis hermanas en el ministerio de cuidado en el embarazo. Su amor, apoyo, aliento y sabiduría es una continua bendición.

Agradecimientos especiales a Cindy Johanson, Directora Ejecutiva del *Central Florida Pregnancy Center*. Dios nos creó iguales y nos unió para Su servicio, y estoy agradecida por eso.

Gracias a mi hermana, amiga y colaboradora, Mary Margaret Gibson. Tu aliento y apoyo significan más de lo que puedes imaginar.

Gracias a mis hermanas en Cristo, Melanny y Gaby Prado por pasar muchas horas traduciendo este devocional con amor. Es un placer y privilegio servir al lado de ustedes.

Querida amiga . . .

Yo sé que tu mente está llena de pensamientos y miedos. Me he sentado con millones de mujeres en estas dos últimas décadas cuando se dieron cuenta que estaban embarazadas. Sé que cada situación es única. Nadie ha experimentado exactamente lo mismo por lo que tú estás pasando en tu vida en este momento. Puede que tengas circunstancias en tu vida que sean extremadamente difíciles. Quiero que sepas que no estás sola. Hay personas que quieren ayudarte y un Dios a quien le importas. He escrito este libro para proveer una fuente de confianza, esperanza e inspiración para ti. Es mi gozo y privilegio sentarme y escuchar a mujeres que buscan decidir lo que es mejor para su bebé y ellas mismas. Gracias por permitirme hablarte a través de este libro. Es mi oración que Dios lo utilice para darte ánimo y ayudarte mientras pones las cosas en perspectiva y tomas decisiones que sean buenas para ti. Eres preciosa.

Con amor y oración,
Melissa

4 **SEMANAS:** Un examen de embarazo hecho en esta etapa puede medir el hCG, la hormona de embarazo en la orina de la madre y le dice si está embarazada. Para este punto el embrión está completamente unido al revestimiento del útero y toma alimento de la madre.

Corrientes de Aguas en el Desierto

Lee Isaías 43:18-20

"¡Voy hacer algo nuevo! Ya está sucediendo, ¿no se dan cuenta? Estoy abriendo un camino en el desierto, y ríos en lugares desolados." (v. 19)

Acabas de recibir la noticia que cambiará tu vida. Estás embarazada. Puede que estés feliz, triste o confundida. Probablemente estás asustada. Tienes muchas preguntas pero muy pocas respuestas. Puede que esto sea una sorpresa para ti, pero algo es seguro. Esto no es una sorpresa para Dios. Dios conoce a este bebé y te conoce a ti. Conoce todas tus preguntas y conoce todas las respuestas. Él tiene un plan para ti y está haciendo algo nuevo en tu cuerpo ahora. Aunque el camino que tienes enfrente parece difícil o aún imposible, eso no es verdad. Dios está haciendo algo nuevo y diferente en tu vida, y hará un camino para ti en el desierto. Nada es imposible para Dios. Esto es lo que Él dice: Voy hacer corrientes de aguas en tierra deshabitada. Toma un respiro profundo y escucha Su voz mientras Él te dice que está haciendo algo nuevo y bueno para ti. Él va hacer un camino para ti. Él te ama.

Padre, tengo tantas emociones dentro mío. Gracias por entenderme y escuchar mis oraciones. Tú conoces mi situación y lo que necesito de Ti hoy y los días que vendrán. Por favor cuídame y ayúdame a hacer las cosas que Tú quieres que las haga. Gracias por hacer un camino en el desierto para mí. Amén.

Escribe tus sentimientos. Escribe todas las cosas que te emocionan y las que te preocupan. Confía en Dios para todas ellas.

SEMANA 5

5 **SEMANAS:** El corazón empieza a latir 21 días después de la fertilización, o 5 semanas después de que la ultima menstruación de la madre. El corazón, más o menos del tamaño de una semilla de amapola, es el primer órgano en funcionar. Las primeras señales de desarrollo cerebral son evidentes, y la base de todos los sistemas de órganos está establecida y empiezan a desarrollarse.

A su Imagen

Lee Génesis 1:1–2:2

Y Dios creó al ser humano a su imagen; lo creó a imagen de Dios. Hombre y mujer los creó. (1:27)

Esta es la historia de cuando Dios creó todo el mundo. Dios hizo cosas maravillosas, el sol para mantenernos calientes y la luna para darnos luz en la noche. Las flores para belleza y fragancia, los cachorritos para amarnos y las estrellas para llenar el cielo. Él reservó su más hermosa y maravillosa creación para lo último, nos creó a nosotros sus hijos a Su imagen. Esto quiere decir que somos muy especiales para Dios. Él nos creó para que le conociéramos, le amemos y para ser amados por Él. Él ha creado a esa pequeña personita que vive dentro de ti ahora. El Dios que creó todo el mundo es el mismo Dios que te creó a ti y creó al bebé que vive en tu vientre ahora. Dios dijo que todo lo que creó fue bueno. El está haciendo algo maravilloso dentro de tu cuerpo ahora.

Querido Dios, gracias por hacer este mundo precioso, y gracias por crearme a mí. Gracias también por este bebé que está dentro de mí ahora. Te pido que me ayudes mientras tomo decisiones cada día. En nombre de Jesús, amén.

Escribe lo que piensas que quiere decir ser hecha a imagen de Dios. Haz una lista de las maneras en que Dios te ha hecho que son buenas.

6 **SEMANAS:** Después de 4 semanas de fertilización, el bebé crece rápido y mide 3 milímetros de largo. La estructura básica para todo el sistema nervioso (cerebro y médula espinal) está formada. Sus ojos se están formando, los brazos y piernas del embrión ahora son visibles. El latido del corazón puede ser visto en un ultrasonido. ¡Ya está palpitando 100–120 veces por minuto!

Arco Iris en las Nubes

Lee Génesis 9:7–17

"Cada vez que aparezca el arco iris entre las nubes, yo lo veré y me acordaré del pacto que establecí para siempre con todos los seres vivientes que hay sobre la tierra." (v. 16)

Puede ser que hayas escuchado la historia de Noé. Noé vivió en un tiempo donde las personas eran malvadas y muy rebeldes contra Dios. De hecho las personas eran tan malvadas que Dios decidió destruir la tierra y empezar otra vez. Él empezaría otra vez con Noé, quien era un hombre recto. La Biblia nos dice que Noé caminaba con Dios; él amaba y obedecía a Dios. Así que Dios le dijo a Noé que construyera un bote y que pusiera 2 de cada tipo de animal, un macho y una hembra en el bote y también a su esposa, hijos y las esposas de sus hijos. Después Dios mandó una gran inundación para destruir la tierra. Solo los que estaban en la arca sobrevivieron. Después de que lloviera 40 días y noches el agua comenzó a bajar, Dios le dijo a Noé que saliera del bote con su familia y los animales y que repoblaran la tierra. Él prometió que nunca más destruiría la tierra con una inundación, y puso un arco iris en el cielo como un recordatorio de esa promesa. Un arco iris es una señal de esperanza. Nos muestra que después de las tormentas en la vida hay esperanza para el futuro. Hay esperanza para tu futuro, sin importar las pruebas por las que estés pasando en este momento. Mira al cielo para ver el arco iris y al que lo creó. Él te cuidará.

Querido Dios, gracias por la esperanza que tengo en ti. Por favor muéstrame el arco iris. Amén.

Escribe cosas que te preocupan ahora y la esperanza que tienes para el futuro.

7 SEMANAS: El bebé ahora es 8 milímetros de largo. El embrión produce su propia sangre. Dependiendo el género del bebe, los testículos u ovarios están empezando a formarse.

El Dios que Me Ve

Lee Génesis 16:1–13

Como el Señor le había hablado, Agar le puso por nombre "El Dios que me ve", pues decía: "Ahora he visto al que me ve." (v. 13)

Dios había escogido a Abram para ser el padre de su pueblo escogido, la nación de Israel. Abram y su esposa, Sarai, eran viejos y no tenían hijos. Dios les había prometido que iban a tener muchos hijos, pero como Sarai no había quedado embarazada, ella ingenió un plan. Ella le dio a su esposo su sirvienta, Agar, para que durmieran juntos y tuvieran un hijo. Cuando Agar quedo embarazada, habiendo hecho lo que se le dijo, Sarai se enojó y abuso de su autoridad contra ella, así que Agar huyó. Ella estaba sola en el desierto y embarazada sin que nadie la ayudara. El ángel de Dios vino ante ella en el desierto y le dijo que el Señor veía su dolor y que le daría un hijo. Ella llamó a Dios "el Dios que me ve."

Este mismo Dios que vio a Agar sola y con miedo en el desierto te ve a ti. Él sabe por lo que has pasado y lo que necesitas. Confía en que te puede ayudar ahora.

Querido Dios, te doy gracias porque me ves y me amas. Por favor ayúdame durante este tiempo en mi vida. Amén.

Escribe una oración diciéndole a Dios por lo que estás pasando y pídele que te guie en tus próximos pasos.

8 **SEMANAS:** A las 8 semanas el embrión puede responder al tacto con reflejo. El bebé es aproximadamente 12 milímetros de largo. Los codos y dedos se pueden ver. Algunos reportes muestran que el embrión puede mover su torso y extremidades. Los pulmones se empiezan a formar, las glándulas gustativas se empiezan a formar en la lengua, el brote de los dientes para los "dientes de leche" se están formando en la mandíbula y los párpados se empiezan a formar.

¿Una Virgen Embarazada?

Lee Lucas 1:1–38

"Porque para Dios no hay nada imposible." (v. 37)

María era una joven que nunca había dormido con un hombre. Un día un ángel vino ante ella y le dijo que iba a dar a luz a un niño y que este niño iba a salvar al mundo. Ella estaba confundida y preguntó cómo podía pasar esto. El ángel le dijo que todo era posible para Dios. Aunque estaba confundida y con miedo, ella se entregó al plan que tenia Dios para su vida. Ella tendría que pasar por muchas cosas difíciles empezando por explicarles a sus padres y a su novio que estaba embarazada. Pero ella estaba dispuesta a obedecer sin importar el precio.

Puede ser que tu también estés sorprendida de que estás embarazada. Tu bebé no es una sorpresa para Dios. Puedes estar segura de que Dios tiene un plan para ti y tu bebé.

Querido Dios, yo quiero ser como María. Quiero obedecerte. Gracias por darme a este bebé. Ayúdame a poder cuidar a este niño. Amén.

Escribe lo que sientes acerca de estar embarazada. ¿Cuál es la parte más difícil? ¿De qué estás emocionada?

9 **SEMANAS:** El bebé mide 19 milímetros de largo y pesa casi 3 gramos. Las orejas y nariz son visibles, y hay pigmento en la retina. Los pezones se pueden ver en el pecho. Las extremidades y los dedos están creciendo rápidamente, y los huesos en los brazos empiezan a calcificarse y endurecerse.

Dios Mandó a Su Hijo

Lee Juan 3:1–17

"Porque tanto amó Dios al mundo, que dio a su Hijo unigénito, para que todo el que cree en él no se pierda, sino que tenga vida eterna." (v. 16)

Un hombre llamado Nicodemo que era miembro del consejo de gobierno Judío, vino ante Jesús haciendo preguntas sobre la vida eterna. Jesús le dijo que tenía que nacer de nuevo para ir al cielo. Esto no tenía sentido para Nicodemo. Él sabía que no podía volver al vientre de su madre y volver a nacer. Jesús le explicó que Él estaba hablando acerca de la vida espiritual y que Dios había mandado a Su Hijo, Jesús, para salvar al mundo, que el único camino hacia Dios era creer en la salvación por medio de Jesús. Jesús murió en nuestro lugar, para tomar el castigo de todas las cosas malas que hemos hecho. La Biblia dice que estamos destituidos de la gloria de Dios. Hacemos muchas cosas que no le agradan a Dios, y esto nos separa de Él. Pero Jesús, el Hijo perfecto de Dios, vino a la tierra para morir en nuestro lugar para que nosotros podamos tener vida eterna. Él murió en la cruz y resucitó a los tres días. La forma de llegar al cielo es por medio de la fe en Cristo Jesús. ¿Confiarás en Él hoy?

Querido Dios, yo sé que he pecado y que te necesito. Yo creo que Jesús murió en la cruz por mí y que resucitó. Yo confio en Jesús. Ayúdame a seguirlo a Él en mi vida. Gracias por salvarme. Amén.

Escríbele una oración a Dios agradeciéndole por todo lo que Él ha hecho en ti.

10 **SEMANAS:** El cerebro del bebé crece rápido. ¡Cada minuto produce casi que 250.000 neuronas nuevas! La parte superior e inferior de los brazos y piernas se pueden ver claramente, igual que los dedos del pie y de las manos. Para este punto el oído externo está totalmente desarrollado. Si es un varón, empieza a producir la hormona masculina, la testosterona.

El Señor Luchará por Ti

Lee Éxodo 14:13–31

"Ustedes quédense quietos, que el Señor
presentará batalla por ustedes." (v. 14)

El pueblo de Dios, los israelitas, eran esclavos de los egipcios. El Señor envió a Moisés para liberar a su pueblo. Mientras los israelitas huían, el ejército egipcio los perseguía y los israelitas estaban atemorizados. Moisés les dijo que no tuvieran miedo, sino que esperaran la libertad que El Señor les iba a dar. Mientras eran perseguidos por el ejército se encontraron con un gran mar, el Mar Rojo. Moisés levantó sus manos sobre el mar y las aguas se separaron. El pueblo de Dios cruzó el mar en tierra seca, con una pared de agua a su izquierda y a su derecha. El ejército egipcio vino tras ellos, pero Moisés volvió a estirar su mano y el mar volvió a su lugar, ahogando al ejército egipcio.

Puede ser que tú te sientas sofocada por tus circunstancias en este momento. Tal vez te sientas como los israelitas cuando tenían el ejército detrás de ellos y al mar adelante. Puede ser que también te sientas atrapada, sin ningún lugar donde ir. Dios tiene el

mismo mensaje para ti como él que tenía para los israelitas "qué-
date tranquila, yo pelearé por ti." Confía en que Él va a separar las
aguas para ti.

Querido Señor, Tú conoces las circunstancias en mi vida.
Necesito que Tú hagas un camino para mí. Gracias por
preocuparte por mí. Amén.

*Dile al Señor lo que necesitas en tu vida. Pídele que haga un
camino para ti.*

11 **SEMANAS:** Ya que el bebé tiene todos los principales sistemas de órganos y ya se reconoce como un humano, él o ella ya no se llama embrión, sino que se llama feto, una palabra del latín que quiere decir "pequeño." El bebé tiene más o menos 5 centímetros de largo, puede bostezar y chupar. Los parpados están completamente formados y cerrados para proteger el desarrollo de los ojos. Los riñones empiezan a producir la orina. ¡Durante las próximas semanas, el cuerpo del bebé va a crecer rápido, creciendo 30 veces en el aumento de peso y triplicando la altura!

El Cuidado de una Madre

Lee Éxodo 2:1–10

Ya crecido el niño, se lo llevó a la hija del faraón, y ella lo adoptó como hijo suyo; además, le puso por nombre Moisés pues, dijo: "¡Yo lo saqué del rio!" (v. 10)

Moisés nació de una mujer hebrea cuando el Faraón había dado una ley en la que se debía matar a todos los bebés varones que fueran hebreos. La madre de Moisés lo amaba, así que ella lo escondió en un cesto a lo largo de la orilla del rio Nilo. La hija del Faraón lo encontró y lo llevó a su casa y lo cuidó como si fuera su hijo. La madre de Moisés lo amaba tanto que permitió que otra persona lo criara porque sabía que eso era lo mejor.

Puede ser que tu estés en las mismas circunstancias. Puede ser, que al igual que la mamá de Moisés, no te sientas equipada para criar a tu bebé. Amas tanto a tu bebé que vas a crear un plan de adopción para el pequeño bebé que Dios te ha dado. Solo las mujeres valientes y amorosas hacen eso por sus hijos. Cuando Moisés creció, Dios lo usó para grandes cosas. Dios hará las mismas cosas con tu hijo si escoges este camino.

Señor, tu sabes que es lo mejor para mi hijo que me has dado. Gracias por la vida de mi hijo. Ayúdame a saber qué es lo mejor para mi bebé. En el nombre de Jesús, amén.

Escribe acerca de los sueños qué tienes para tu bebé.

Escondiendo a los Espías

Lee Josué 2

"Por eso estamos todos tan amedrentados y descorazonados frente a ustedes. Yo sé que el SEÑOR y Dios es Dios de dioses tanto en el cielo como en la tierra." (v. 11)

El Señor les había prometido a los israelitas que les iba a dar una parte de la tierra llamada Jericó. Así que Josué, el líder de los israelitas después de Moisés, envió espías a la tierra para encontrar la mejor forma de conquistarlos. Ellos entraron a la casa de una prostituta llamada Rahab. Cuando el rey de Jericó le ordeno a Rahab que sacara a los espías, ella los escondió y le dijo al rey que ella no sabía adonde habían ido ellos. Rahab sabía que los espías eran enviados por Dios, así que ella los protegió. Ellos a cambio, la protegieron a ella y a su familia cuando conquistaron la tierra que Dios les había dado.

Como Rahab, tenemos cosas en nuestra vida de las que no estamos orgullosas, áreas donde le fallamos a Dios y a otros. Con Dios siempre hay una segunda oportunidad, una oportunidad para cambiar lo malo que estamos haciendo y seguir el camino que Dios tiene para nosotros. ¿Habrá algo que tú tengas que cambiar hoy?

Querido Dios, sé que Tú eres un Dios que perdona y ama. Sé que hay cosas en mi vida que no te agradan, pero que aún me puedes usar para ayudar a otros. Muéstrame lo que Tú quieres que yo haga. Te amo. Amén.

Escribe en qué formas te puede usar Dios para ayudar a otros.

Victoria

Lee Josué 5:13–6:24

Entonces Josué se postró rostro en tierra y le preguntó: "¿Qué órdenes trae usted, mi Señor, para este siervo suyo?" (5:14)

Josué estaba preparándose para conquistar Jericó porque Dios le había dicho que tenía que conquistar esa tierra. El Señor le mandó un ángel mientras él se preparaba para la batalla. Inmediatamente, Josué se postró y pidió las instrucciones del Señor. El ángel trajo instrucciones muy extrañas para este guerrero. Le dijo que marchara alrededor de la ciudad una vez cada día por 6 días y en el sétimo día debía marchar alrededor de la ciudad 7 veces, con trompetas y gritando. Esto probablemente le pareció muy raro a un hombre que había sido entrenado para la batalla. Pero Josué obedeció, y las paredes de la ciudad cayeron sin ninguna batalla. La ciudad estaba destruida, y solo Rahab, la prostituta, y su familia fueron salvos.

Este es un gran ejemplo para nosotros. Tenemos que estar preparadas para preguntarle a Dios qué desea que hagamos con nuestras vidas, y debemos estar listas para obedecer sin importar lo que Él nos diga.

Querido Dios, enséñame que quieres que haga con mi vida y con mi hijo. Muéstrame tu plan para mí. Quiero obedecer. En nombre de Jesús, amén.

Escribe una oración a Dios preguntándole que desea que hagas para cuidar de ti y de tu bebé. Escribe cuáles son tus deseos y metas para ti y tu bebé.

14 **SEMANAS:** Ahora el pequeño de 9 centímetros de largo, tiene suficiente coordinación para llevar su dedo gordo a la boca y chuparlo. Las uñas de los pies y manos están empezando a crecer. El bebé puede tragar y orinar.

Un Cuento de Hadas en la Vida Real

Lee Ester 2:1–15

Cuando a Ester, la joven que Mardoqueo había adoptado y que era hija de su tío Abijaíl, le llegó el turno de presentarse ante el rey, ella no pidió nada fuera de lo sugerido por Jegay, el eunuco encargado del harén del rey. Para entonces, ella se había ganado la simpatía de todo el que la veía. (v. 15)

Ester era una chica única que fue huérfana desde niña. Su tío la adoptó, y cuando el rey estaba buscando una reina, él la animó a que "postulara." Ester fue la escogida entre todas las participantes, y Dios la usó después para salvar a los judíos de la muerte. Un hombre malo había planeado matar a todos los judíos, pero Dios usó a Ester, la reina judía, para salvar a Su pueblo.

Estoy segura que Ester nunca se imaginó que sería reina o que Dios la usaría para salvar a Su pueblo. Tal vez nunca seas reina, pero Dios tiene grandes planes para tu vida también. Dios usa a gente ordinaria en la Biblia para cambiar el mundo. Puedes estar segura que Dios tiene planes maravillosos para tu vida también. Nada es imposible para Dios.

Padre, te agradezco por esta increíble historia de Ester. Yo creo que Tú puedes hacer cosas extraordinarias en mi vida y en la vida de mi hijo también. Amén.

Escribe acerca de tus sueños para ti y tu hijo. Espera con ánimo para ver que hará Dios.

Carne en el Crepúsculo

Lee Éxodo 16:1–18

"Han llegado a mis oídos las murmuraciones de los israelitas. Diles que antes de que caiga la noche comerán carne, y que mañana se hartarán de pan. Así sabrán que yo soy el Señor su Dios." (v. 12)

Después de que Dios abriera el mar Rojo en dos y liberara a los Israelitas de una manera asombrosa, ellos empezaron a quejarse. Ellos estaban viajando por el desierto y estaban hambrientos. Extrañaban la comida que tenían cuando eran esclavos. El Señor escuchó sus quejas, y les proveyó nuevamente. Les mando pan del cielo cada mañana y carne para ellos cada noche.

Aunque los israelitas no estaban agradecidos, Dios igual los cuidó y les dio lo que necesitaban. Dios también va a cuidarte. Dile lo que necesitas.

Querido Dios, no quiero ser malagradecida como los israelitas. Sé que tú me has cuidado muchas veces en el pasado. Te necesito ahora. Amén.

Empieza agradeciéndole a Dios por tu bebé y todos sus regalos.
Luego haz una lista de las cosas que necesitas, esperando que Dios
te escuche.

16 **SEMANAS:** El corazón palpita entre 110 y 180 veces por minuto y bombea casi 98 litros de sangre todos los días. El género del bebé se puede ver por un ultrasonido. Si es una niña, millones de óvulos se están formando en sus ovarios. Casi mide 13 centímetros y pesa 113 gramos, el bebé puede coordinar movimientos con sus piernas y brazos, aunque su madre no lo va a poder sentir todavía.

No Estés Preocupada

Lee Génesis 45:1–15

"Pero ahora, por favor no se aflijan más ni se reprochen el haberme vendido, pues en realidad fue Dios quien me mandó delante de ustedes para salvar vidas." (v. 5)

José era el más joven de su familia, y era al que más amaba su padre. Esto causó que sus hermanos estuvieran celosos, estaban tan celosos que lo vendieron para ser esclavo. Luego él se convirtió en un siervo confiable para el Faraón, la segunda persona más importante en el país de Egipto. Muchos años después, había escasez de alimentos en la tierra y los hermanos mayores fueron a Egipto a tratar de comprar granos para sus familias para que no murieran de hambre. Ellos tenían que ir ante su hermano José para pedir comida. Ellos no reconocieron que aquel hombre era su hermano al que habían vendido hace muchos años para ser esclavo, pero él si sabía quiénes eran ellos. Cuando él les dijo que él era su hermano pequeño también les dijo que los había perdonado por la cosa tan terrible que habían hecho ellos cuando él era solo un niño. Él les perdonó, y los ayudó aunque ellos habían sido tan crueles con él. José confiaba en que Dios lo iba a cuidar aunque ninguna persona lo hiciera. Él confiaba que Dios podía traer cosas buenas de malas situaciones. Tu también puedes creer esto.

Padre, te agradezco porque puedo confiar en Ti. Ayúdame a perdonar a aquellos que me han lastimado. Ayúdame a poder confiar en Ti siempre, aun cuando no entienda. Amén.

¿Habrá alguien a quién tengas que perdonar? Escribe una oración pidiéndole a Dios que te ayude a perdonar y a confiar en Él para que las cosas se arreglen.

Perfectamente Cuidada

Lee Salmos 23

El Señor es mi pastor, nada me falta; en verdes pastos me hace descansar. Junto a tranquilas aguas me conduce; me infunde nuevas fuerzas. Me guía por sendas de justicia por amor a su nombre. (vv. 1–3)

Las ovejas son completamente incapaces sin un pastor. El pastor las lleva donde hay agua y alimento. Sin el pastor, ellas comerían cosas que las podría matar y tomarían agua que las enfermaría. Ellas se pierden muy fácilmente porque no tienen sentido de dirección. Por la forma de su cuerpo, cuando se caen necesitan ayuda para levantarse. Sin el pastor, se morirían de hambre. Algunas veces el pastor tiene que arriesgar su vida para salvarlas.

De muchas formas somos como las ovejas. Tomamos decisiones que nos lastiman. Parece que no podemos averiguar dónde ir y qué hacer por nuestras propias fuerzas. Jesús se llamó así mismo "El Buen Pastor." Él estaba dispuesto a morir por nosotros, sus ovejas. Cuando estamos cerca de nuestro pastor, estamos a salvo y no tenemos que temer.

Querido Dios, gracias por cuidar de mí y de mi bebé. Ayúdame a quedarme cerca de Ti. Amén.

¿Cuáles son algunos peligros en tu vida? ¿Cómo puedes evitar tomar malas decisiones?

18 **SEMANAS:** En solo dos semanas el feto dobló su peso a 198 gramos. El esqueleto se está fortificando y es visible en un ultrasonido. Reflejos como pestañar y ceñir el rostro se empiezan a desarrollar. El bebé tiene sus propias y únicas huellas digitales.

De Requerza a Pobreza

Lee Job 1:20–22; 2:10–11; 42:1–6, 10–17

Entonces dijo: "Desnudo salí del vientre de mi madre, y desnudo he departir. El Señor ha dado; el Señor ha quitado. ¡Bendito sea el nombre del Señor!" (1:21)

Job era un hombre que lo tenía todo. Él tenía mucha riqueza y una gran familia feliz. Él amaba al Señor y cada día era como un sueño hecho realidad. Estaba viviendo la vida perfecta. Un día sin que nadie lo esperara, vino la tragedia. Mataron a sus hijos y su riqueza se desvaneció en el mismo día. Y como si fuera poco, todo su cuerpo se le infectó con una enfermedad que causa llagas en el cuerpo. Su esposa y amigos se burlaban de él. Él estaba en una situación en la que no veía esperanza. De hecho, Job dijo que hubiera deseado no haber nacido. Pero aun así se negaba a culpar a Dios. A pesar de toda su miseria él todavía confiaba en Dios. Al final, el Señor lo sanó, le devolvió su riqueza y más hijos de lo que tenía antes.

La vida no siempre es fácil. De hecho puede ser demasiado difícil y dolorosa. Aun en las situaciones más difíciles, Dios está ahí cuidándote. Él te ama y puedes confiar en Él.

Señor, Tú sabes por lo que estoy pasando en mi vida. No puedo hacer esto sin Ti. Ayúdame Señor. Amén.

Escribe una oración para agradecerle a Él por siempre estar ahí aunque tú no puedas sentir su presencia. Pídele que te dé las respuestas que necesitas.

Una Paz Inexplicable

Lee Juan 14:25–31

"La paz les dejo; mi paz les doy. Yo no se la doy a ustedes como la da el mundo. No se angustien ni se acobarden." (v. 27)

Jesús estaba hablando con sus seguidores más cercanos, sus discípulos, les decía que los iba a dejar; Él iba a volver al cielo. Les dijo que no se preocuparan porque Él les iba a enviar al Espíritu Santo. El Espíritu Santo vive dentro de los cristianos, aquellos que han creído en Cristo para salvación. Si tú eres cristiana, tienes al Espíritu Santo viviendo dentro de ti. El trabajo del Espíritu Santo es el de guiarte y confortate. ¿Necesitas guía? ¿Necesitas consuelo? Puedes pedirle al Espíritu Santo, quien es Dios, que te dé paz. Esta paz que viene de Dios es diferente a la paz que el mundo ofrece. La paz de Dios se puede encontrar en todas las circunstancias. Aun cuando las cosas son difíciles, Dios te puede dar una paz que sobrepasa todo entendimiento. Sin importar tu circunstancia, no tienes que tener miedo. Confía en Dios.

Querido padre, gracias por mandar al Espíritu Santo para que me consuele. Guíame al tomar decisiones para mí y mi bebe. Amén.

¿Qué decisiones estás enfrentando? ¿Qué te está quitando la paz?

20 **SEMANAS:** El feto mide alrededor de 25 centímetros desde la cabeza hasta el talón y pesa 312 gramos. El bebé tiene su propio patrón de sueño con cualidades únicas para dormirse y despertarse, hasta tiene una posición favorita para dormir. El embarazo está casi a la mitad de terminar, y la madre está empezando a mostrar pancita. Estudios indican que los bebés pueden sentir dolor a partir de las 20 semanas y posiblemente antes también.

Eres Amiga de Dios

Lee Juan 15:9–17

*"Les he dicho esto para que tengan mi alegría y
así su alegría sea completa."* (v. 11)

Este es un punto emocionante de tu embarazo. Hace poco te enteraste o te vas a enterar si tu bebé es hombre o mujer. ¡Puedes empezar a escoger nombres para tu bebé y pensar cómo vas a decorar la habitación para tu bebé y como lo o la vas a vestir! Este pasaje habla de amor, felicidad y amistad, todas las cosas que van a ser importantes en la vida de tu bebé. Aquí aprendemos que Jesús nos llama sus amigos y que quiere que seamos felices. También dice que nos tenemos que amar los unos a los otros. Vivir una vida de amor y gozo es de lo que se trata la vida cristiana. Puedes estar ansiosa de compartir amor, gozo y amistad con tu hijo.

Así que hoy, puedes tener gozo y compartir el amor de Dios con alguien que lo necesite. ¡Tienes mucho para celebrar!

Padre, te agradezco por llamarme tu amiga. Es un gran privilegio ser amiga de Dios. En nombre de Jesús, amén.

Escribe acerca del amor, gozo y amistad en tu vida. ¿Qué te trae gozo? ¿Quién se ha mostrado amigo contigo? ¿Quién te ha mostrado amor, y como lo mostraron? ¿Cómo le vas a mostrar amor a tu bebé?

Legado de Amor

Lee Deuteronomio 5:1–22

"Por el contrario, cuando me aman y cumplen mis mandamientos, les muestro mi amor por mil generaciones." (v. 10)

El Señor le dijo a Moisés que fuera a la parte más alta del monte Sinaí, en ese lugar le dio los Diez Mandamientos. Estas eran las reglas de la vida. Estas reglas nos dicen que no tenemos que matar, robar, hacer trampa, mentir, maldecir o ser celosos. También nos dice que tenemos que honrar a nuestros padres, separar un día para alabar a Dios y solo a Dios. Cuando guardamos estos mandamientos, vivimos en paz. ¿Te imaginas como seria la vida si nadie hiciera trampa, robara o mintiera? Imagínate un mundo donde todos amaran a Dios y honraran a sus padres.

No podemos controlar al mundo, ni siquiera a otras personas, pero si podemos tomar nuestras propias decisiones sobre nuestras vidas. Este pasaje nos da una promesa no solo para nuestras vidas, sino también para nuestros hijos. Dios dice que le mostrará amor aquellos que guarden sus mandamientos y a miles de generaciones. Esto quiere decir que mientras sigues y obedeces a Dios, estas asegurando el amor de Dios para tus hijos, nietos y a tus descendientes por muchas generaciones.

Gracias, Padre, por tu amor. Ayúdame a seguirte. En el nombre de Jesús, amén.

¿Cuáles mandamientos estás guardando? ¿Cuáles son difíciles de guardar para ti? ¿Cómo te hace sentir saber que tu obediencia va a afectar a tus hijos y nietos en el futuro?

22 **SEMANAS:** El bebé mide aproximadamente 28 centímetros y pesa 28 gramos. Si el bebé es un varón, sus testículos están empezando a descender del abdomen al escroto. El pelo es visible en su cuerpito. Desde ahora hasta como la semana 32, el bebé empieza a sentir el dolor más intensamente que en cualquier otro tiempo de su desarrollo.

Contando Cabellos

Lee Mateo 10:29-31

"Y él les tiene contados a ustedes aun los cabellos de la cabeza." (v. 30)

Puede ser que estés pensando acerca del cabello estos días. Tu cabello puede estar más grueso y brillante por tu embarazo. O tal vez tu cabello se está poniendo fino y sientes que todos los días son malos para tu cabello. Tal vez te has preguntado si tu bebé va a nacer con mucho cabello o si va a ser de poco cabello. ¿Será su cabello rizado o lacio, castaño o rubio? ¿Se parecerá su cabello al mío o al de su abuelito?

Una cosa de la que podemos estar seguras es de que Dios sabe exactamente cómo va a ser tu bebé y ha diseñado a tu bebé de la mejor forma. Él también te ha diseñado a ti perfectamente. La Biblia dice que Él nombra cada cabello en tu cabeza. ¿Qué increíble es pensar en eso verdad? El número de cabellos en tu cabeza siempre cambia, pero aun así Dios sabe cuántos tienes. ¿Sabes por qué? ¡Porque Él te ama demasiado! Aun siendo una madre cariñosa, no vas a contar los cabellos de tu bebé, pero Dios lo hará. A Él le importa cada uno de los detalles de tu vida, aun las cosas que no te parecen importantes. No hay nada de ti que no sea importante para Dios. Él sabe todo acerca de ti, y te ama a pesar de todos tus errores. La siguiente cosa que dice Jesús, después de decir que los cabellos en tu cabeza están contados es, "no tengas miedo." Las circunstancias en nuestras vidas nos pueden sorprender, pero no sorprenden a Dios. Él está viendo todos los aspectos de tu vida, no tienes razón para temer. Confía en Él hoy.

Señor, gracias por cuidar todos los aspectos de mi vida. Ayúdame a recordar cuán tiernamente cuidas de mí. Ayúdame a no temer. Amén.

¿Cómo te imaginas los próximos años con tu bebé? ¿Qué te emociona? ¿Qué te pone nerviosa?

Fe que Sana

Lee Lucas 8:42–47

*Ella se le acercó por detrás y le tocó el borde del manto,
y al instante cesó su hemorragia.* (v. 44)

Jesús estaba caminando por la calle, y las multitudes que querían verlo, casi que lo estrujaban. Ellos sabían que Él tenía el poder para sanar y querían ser sanados. Sabían que estaban necesitados y creían que Él podía satisfacer sus necesidades. Al menos esa era su esperanza. Una de estas personas era una mujer que había sangrado por 12 años. ¡Imagínate sangrar por 12 años! ¡Ella se acercó a Jesús y tocó su manto por detrás y su sangrado de detuvo en ese instante! Jesús lo sabía y preguntó quién lo había tocado. Los discípulos estaban confundidos por la pregunta porque muchas personas estaban alrededor suyo, empujándolo. Pero Jesús sabía que esta mujer era diferente. Ella lo tocó sabiendo que Él la iba a sanar. Jesús la encontró y le dijo que su fe la había sanado.

Querido Dios, yo creo que Tú tienes el poder de sanar mi cuerpo y mi corazón. Necesito que me toques hoy. Amén.

¿Qué necesitas que Jesús sane en tu vida? ¿Tienes relaciones quebradas, sueños rotos, un corazón roto? Escribe las cosas que Tú crees que Jesús puede sanar.

24 **SEMANAS:** El bebé pesa aproximadamente medio kilo e inhala líquido amniótico para prepararse para la respiración. El oído se ha desarrollado lo suficiente para que el bebé pueda reconocer la voz, respiración y latidos de su mamá. Hace como una semana empezó un movimiento rápido de los ojos, y actividad asociada con los sueños. El bebé pudo haber tenido una reacción de pestañaralarmarse por sonidos producidos por el abdomen de su madre. Algunos bebés que nacen en esta etapa de desarrollo logran sobrevivir.

Dios que Escucha

Lee Salmos 116

Yo amo al Señor porque él escucha mi voz suplicante. Por cuanto él inclina a mí su oído, lo invocaré toda mi vida. (vv. 1–2)

Aun ahora tú bebé escucha tu voz y la reconoce. Eres su mamá, y su oído está en sintonía con tu voz. Como una mamá, vas a pasar mucho tiempo escuchando la voz de tu hijo. Tu bebé vendrá hablar contigo para encontrar apoyo, sabiduría, amor, aprobación, consejo y ayuda. A veces se va a enojar y resistir lo que le digas. Pero tú siempre vas a escucharlo.

El Señor tiene su oído en sintonía contigo. El conoce tus deseos y necesidades que están en lo profundo de tu corazón. Salmos 116 habla de alguien que ha sufrido, que tiene muchos problemas y necesitaba ser rescatado. Él estaba tropezándose, llorando y temiendo la muerte; no se podía salvar así mismo, así que hizo la única cosa que podía hacer, él clamó a Dios para que lo salvara. Y Dios escuchó su clamor. Se dio cuenta que las personas le habían mentido y que no podía confiar en ellas. Pero el Señor le fue fiel. El Señor lo libró de sus cadenas y le dio paz y descanso. Él puede hacer lo mismo para ti. Tu bebé no es el único que escucha tus palabras. Dios escucha tus palabras y pensamientos. Sus oídos están en sintonía contigo. Él está esperando rescatarte de lo que sea que te ha mantenido cautiva. Habla con Él hoy. Que empiece la curación.

Padre, Tú conoces las cosas que no me dan paz. Tú conoces las cosas que me hacen tropezar y llorar. Tú conoces a las personas que me han lastimado. Gracias por escuchar mi llanto. Líbrame de mis cadenas. Yo confío en Ti. Amén.

Dile al Señor las cosas que te enredan. Dile qué hace que tu corazón se duela y qué causa que te tropieces y caigas. Permítele a Él sanar las partes que están lastimadas y levantarte para alabarlo.

¿Quién Es Este Hombre?

Lee Mateo 8:23–27

Los discípulos no salían de su asombro, y decían: "¿Qué clase de hombre es éste, que hasta los vientos y las olas le obedecen?" (v. 27)

Jesús estaba en la barca con sus discípulos, tomando una siesta. Mientras dormía, una tormenta vino sobre el lago. Los discípulos entraron en pánico, ellos pensaban que iban a ahogarse. Estaban aterrados cuando despertaron a Jesús. Jesús le dijo al viento y a las aguas que dejaran de causar problemas, y tal como lo pensaste, ellos obedecieron. Jesús les preguntó a los discípulos porque estaban tan asustados. No tenía sentido que tuvieran tanto miedo; Jesús estaba ahí con ellos. Muchas veces nosotros actuamos así. Nos asustamos cuando las cosas no salen como pensamos. En lugar de tener calma e ir a Jesús, nos aterramos. Aunque no lo podemos ver como podían verlo los discípulos, Jesús está a la par de nosotros. Él calmará las tormentas de nuestras vidas también.

Querido Dios, ayúdame a no aterrarme cuando vienen problemas a mi vida. Ayúdame a tener calma y confiar en que Tú me cuidarás. Gracias por tu fidelidad. En nombre de Jesús, amén.

¿Cuáles son las tormentas por las que estás pasando en este momento? ¿Estás aterrada o confiando? Dile a Jesús acerca de tus tormentas y confía que Él las calmará.

26 **SEMANAS:** Ahora el bebé pesa casi 1 kilo, y él o ella puede reaccionar a los sonidos de externos. Los ojos ya pueden responder a la luz, y los brotes de los dientes permanentes son notables en las encías. Las cejas y pestañas ya están bien formadas, y el cabello del bebé ya es más largo.

Un Padre Amoroso

Lee Lucas 15:11–32

"Pero teníamos que hacer fiesta y alegrarnos, porque este hermano tuyo estaba muerto, pero ahora ha vuelto a la vida; se había perdido, pero ya lo hemos encontrado." (v. 32)

Hace mucho tiempo vivía un hombre rico que tenía dos hijos. El mayor era obediente y ayudaba a su padre a manejar la empresa familiar. El más joven era malcriado y quería su heredad aun cuando su padre seguía vivo. Él tomó su dinero no merecido y lo usó en cosas locas. Después de un tiempo se encontró sin hogar y con hambre. Tomó la decisión de volver donde su padre y pedirle que lo contratara para que no se muriera de hambre. Cuando todavía estaba lejos de la casa de su padre, su padre lo vio y le dijo a sus sirvientes que prepararan una gran celebración porque su hijo había vuelto.

Jesús nos cuenta esta historia porque está pintando un cuadro de nuestro Padre Celestial, que siempre está viendo y esperando a que nosotros volvamos a Él. Él siempre está listo para perdonarnos y recibirnos en Su familia.

Querido Dios, gracias por tu perdón y tu amor. Amén.

¿Estás corriendo lejos de Dios? ¿Conoces a alguien que lo esté haciendo? Escribe acerca de lo que sientes al volver al Padre o a quién puedes ayudar para que vuelva a Dios.

Gratitud

Lee Lucas 17:11–17

*Uno de ellos, al verse ya sano, regresó alabando
a Dios a grandes voces.* (v. 15)

La lepra es una enfermedad muy contagiosa y debilitante.
Esta caracterizada por ulceras en el cuerpo, causando parálisis,
desgaste de los músculos y deformidades. Puede ser curado con
antibióticos, pero en los tiempos de Jesús no había ninguna cura.
Las personas con lepra, los leprosos, eran enviados a vivir en
comunidades de leprosos para que no esparcieran la enfermedad.

Un día, diez leprosos se acercaron a Jesús, pidiéndole que los
sanara. Él era su única esperanza. Él les hablo y mientras caminaban, fueron sanados. Uno de ellos cuando se dio cuenta que
estaba sano, corrió hacia Jesús para agradecerle. Se postró a los
pies de Jesús y lo alabó a grandes voces. Él estaba muy agradecido
de lo que Dios había hecho por él.

Gracias, Padre, por ser un Dios de milagros. Ayúdame a no
olvidar agradecerte por todo lo que haces por mí. Amén.

¿Qué ha hecho Jesús por ti? ¿Le has agradecido? Toma hoy este tiempo para agradecer a Dios por tu bebé y otras bendiciones en tu vida.

----

28 **SEMANAS:** El bebé mide aproximadamente 38 centímetros y pesa más de 1 kilo. Con la ayuda de cuidados intensivos, un bebé que nace en esta etapa es capaz de respirar. El cerebro está suficientemente desarrollado como para coordinar la respiración rítmica y regular la temperatura del cuerpo. Ya que el bebé empieza a ganar más peso, la piel deja de ser tan arrugada y se vuelve más lisa.

Sin Pies Hinchados

Lee Nehemías 9:13–21

"Pero tú no los abandonaste porque eres Dios perdonador, clemente y compasivo, lento para la ira y grande en amor." (v. 17)

Dios había rescatado a Su pueblo de la esclavitud. Él mandó a Moisés a que los liberara a través de varios milagros, pero ellos se volvieron contra Dios muy rápido. Casi inmediatamente después de que Dios los liberara, su pueblo empezó a adorar a otros dioses. Aun cuando los israelitas volvieron su espalda a Dios, Él igual los cuidaba. Les mando una nube para que fueran guiados cada día durante el tiempo que estuvieron en el desierto por 40 años y fuego en la noche para que fueran guiados y no se perdieran. Les mando alimento (maná) directamente del cielo para que no tuvieran hambre. Él los cuido tanto que hasta se preocupó de que sus pies no se hincharan mientras caminaban. Era amoroso y tenía compasión hacia ellos aunque se rebelaban ante Él.

¡Este es el Dios del universo! Su bondad no depende de tu actitud. Puede ser que tú estés en un desierto espiritual. Tal vez te estás rebelando ante Dios, escogiendo hacer las cosas a tu manera y no a la manera de Dios. Él no te ha abandonado. Él es lento para enojarse y abundante en amor, se preocupa por ti aun en tu rebelión, aunque sea grande o pequeña. ¿Vas a volverte hacia Él hoy?

Señor, te agradezco por amarme aun cuando soy difícil de amar. Oro para que puedas cambiar mi corazón y hacerlo como el tuyo. Quiero seguirte, no luchar contra Ti. Gracias por tu perdón, compasión y amor. Amén.

¿En qué áreas de tu vida te has rebelado? ¿Cómo has visto el cuidado de Dios aun en tu rebelión? Escribe una oración de confesión y agradecimiento.

¿Qué Estás Usando?

Lee Colosenses 3:12–14

Por lo tanto, como escogidos de Dios, santos y amados, revístanse de afecto entrañable y de bondad, humildad, amabilidad y paciencia. (v. 12)

Estos días puede ser difícil encontrar algo que ponerte. Tu cuerpo está cambiando rápidamente, y casi que ni te reconoces en el espejo. Puede ser que te preguntes si tu cuerpo volverá a ser como era antes. Ahora es un muy buen tiempo para pensar en lo que Dios quiere que nos pongamos. Él dice que nos vistamos con sus características. Eso quiere decir que esas cosas no vienen naturalmente. Nosotros tenemos que ponernos esas cosas. Podemos ser egoístas, crueles e impacientes. ¡Es muy fácil enfocarnos en nosotras, nuestras circunstancias y problemas, especialmente cuando estamos embarazadas, porque estamos pasando por mucho! Pero tenemos otra opción. Podemos decidir no enfocarnos solo en nosotras y más bien enfocarnos en las necesidades y bienestar de lo que está alrededor de nosotras (o dentro de nosotras). Podemos ser gentiles y pacientes aun con las personas que no son gentiles, aquellas personas que nos maltratan. Podemos tomar la decisión de ver a las personas a través de los ojos de compasión y amor, así como los ve Dios. Porque Dios nos ha perdonado, podemos tomar la decisión de perdonar a los demás y poner las necesidades de otros antes que las nuestras. Podemos confiar en que Dios nos va a cuidar, y eso nos ayuda a cuidar mejor de los demás.

Padre, te doy gracias porque me puedo vestir con tu bondad. Quiero ser una mujer que demuestra compasión, amabilidad y gentileza. Confieso que eso no es natural en mí pero es quien quiero ser en Ti. Ayúdame a ser la mujer que Tú quieres que sea. Amén.

¿Qué usarás hoy? Imagina que te estás poniendo cada una de las características nombradas en el verso anterior. ¿Cómo se verán puestas en ti?

Dios Contestará

Lee Lucas 18:1–8

"¿Acaso Dios no hará justicia a sus escogidos, que claman a él día y noche? ¿Se tardará mucho en responderles? Les digo que sí les hará justicia, y sin demora. No obstante, cuando venga el Hijo del hombre, ¿encontrará fe en la tierra?" (vv. 7–8)

Jesús habla de un juez que no le temía a Dios y no le importaban los demás. Él era una mala persona que tenía una posición de poder y autoridad. Puede ser que conozcas a alguien así. En esta ciudad había una viuda que necesitaba la ayuda del juez. Él, por supuesto, no tenía ningún deseo de ayudarla porque a él no le importaba lo que le pasaba a ella y no quería hacer lo correcto. De todas formas, la viuda seguía yendo donde el juez para que le concediera justicia. Él siempre le decía que no, pero ella no se rindió. Ella continuaba pidiéndole justicia. Finalmente, el juez le concedió lo que ella quería para que lo dejara en paz.

La Biblia dice que esta es una lección acerca de la oración para nosotras. Es un ejemplo de cómo Dios quiere que nosotras vengamos ante Él con nuestras peticiones. La Biblia dice que siempre tenemos que orar y nunca rendirnos. La Biblia no está comparando a Dios con el juez malo. Nos está mostrando que si este juez malo puedo conceder justicia, imagínate cuanto más puede hacer nuestro Dios que desea contestar nuestras oraciones. No tengas miedo de ir muchas veces ante Dios con tus peticiones. Nunca pienses que Él se cansa de escucharte. Él nos provee esta historia para recordarnos que Él desea que vengamos ante Él y nos contestará.

Gracias, Señor, por escuchar mis oraciones y por contestarlas. Ayúdame a siempre recordar que puedo orar y que no debo rendirme. En nombre de Jesús, amén.

¿Cuáles son tus mayores deseos? Díselos a Dios en este momento.

Caminando sobre las Aguas

Lee Mateo 14:22–32

"Ven," dijo Jesús.
Pedro bajó de la barca y caminó sobre el agua en dirección a Jesús. (v. 29)

Cuando nos imaginamos a alguien caminando sobre las aguas, normalmente pensamos en Jesús. Jesús sí caminó sobre las aguas, pero la Biblia nos dice que Pedro también lo hizo. Pedro era una persona normal, como tú y yo. Él se enojaba, decía mentiras y llegó hasta negar a Jesús más de una vez solo para salvarse. No era para nada perfecto. Pero cuando Pedro tuvo su mirada puesta en Jesús, pudo caminar sobre las aguas. Esta historia sucede cuando era de noche y los discípulos ven a Jesús caminando sobre el lago. Ellos se asustaron porque piensan que están viendo a un fantasma. Jesús los llama para identificarse y decirles que no tengan miedo. Pedro dice, "Señor, si eres tú, manda que yo vaya hacia ti sobre las aguas." Jesús le dice, "Ven." Y Pedro caminó sobre las aguas al igual que Jesús, no porque Pedro sea especial sino porque tuvo fe en Jesús. Jesús le dijo que caminara y él lo hizo. La historia continúa y dice que cuando Pedro vio el viento, tuvo miedo y empezó a hundirse. Inmediatamente Jesús lo rescató. Esta historia contiene lecciones para nosotros. Cuando mantenemos nuestros ojos en Jesús, podemos hacer cosas increíbles. Cuando tenemos dudas, nos empezamos a hundir pero aun en ese momento Jesús nos rescata.

Señor, ayúdame a mantener mis ojos puestos en Ti. No me dejes ver los problemas alrededor mío, sino verte a Ti y saber que me rescatarás y me cuidarás. Te amo. Amén.

¿Qué te está diciendo Dios que hagas? ¿Te está diciendo que salgas de la barca y vengas hacia Él? ¿Vas a poner tus ojos en Jesús y hacer lo que Él te está diciendo?

No hay Almuerzo para los Leones

Lee Daniel 6

Sin ocultar su alegría, el rey ordenó que sacaran del foso a Daniel. Cuando lo sacaron, no se le halló un solo rasguño, pues Daniel confiaba en su Dios. (v. 23)

El rey de Babilonia estaba muy impresionado de Daniel, él era un hombre de Dios. El rey estaba tan impresionado que decidió poner a Daniel a cargo de todo el reino. Como te lo puedes haber imaginado, esto hizo que los otros gobernantes se pusieran muy celosos. Así que crearon un plan para destruirlo. Ellos sabían que Daniel oraba públicamente todos los días, así que le sugirieron al rey que aprobara una ley, cualquier persona que orara a alguien que no fuera al rey lo pusieran en un foso de leones. El rey era un hombre muy orgulloso, así que decretó esta ley. Daniel amaba y confiaba en Dios, así que él continuó orándole a Dios sin temor alguno, aun después de que se decretó esta ley. Los gobernantes celosos le dijeron al rey, y el rey de mala gana mandó a Daniel al foso de leones hambrientos. Dios cerró las bocas de esas criaturas feroces, y Daniel salió del foso sin un rasguño.

Nuestro Dios es poderoso. No tengas miedo de confiar en que Él te va a cuidar.

Querido Dios, eres asombroso. Gracias por rescatar a Daniel. Ayúdame a ser tan fiel como Daniel. Amén.

¿Estás enfrentando a celosos? ¿Alguien te está tratando mal? ¿Qué aprendiste de esta historia?

Pies Hermosos

Lee Romanos 10:13–15

¿Y quién predicará sin ser enviado? Así está escrito: "¡Qué hermoso es recibir al mensajero que trae buenas nuevas!" (v. 15)

Puede ser que hayas pensado un poco en los pies de tu bebé. ¡Los pies de un bebé son muy suaves, dulces y dan ganas de hacerles cosquillas! Vas a gastar muchas horas lavando, haciéndoles cosquillas y jugando con tu bebé.

La Biblia tiene algo para decir acerca de nuestros pies. Dice que nuestros pies son hermosos si traemos las buenas nuevas. Las buenas nuevas son "todo aquel que confiese Su nombre será salvo." La salvación se encuentra en Cristo Jesús, el Hijo de Dios quien murió por nosotros. Él murió por nuestros pecados y resucitó de los muertos. Recibimos vida eterna gracias a la fe en Cristo Jesús. Podemos vivir con Dios por siempre si creemos en Jesús. ¡Es así de sencillo! Dios nos pide que confiemos en Su hijo para salvarnos, y después nos dice que les contemos a otros acerca de las buenas nuevas. Este pasaje nos recuerda que las personas no sabrán si no les decimos. Si nunca has confiado en Jesús como tu Salvador, confía en Él ahora. Si ya eres Hija de Dios, tienes que hacer tus pies hermosos al contarles a otros acerca del regalo de salvación.

Señor, te agradezco por tu salvación en Cristo Jesús. Sé que soy pecadora y que Tú me tienes que salvar. Yo creo que Cristo murió en la cruz por mí y que resucitó de los muertos. Confío en Jesús para que me salve. Ayúdame a decirles a otros acerca de lo que Jesús ha hecho en mí y lo que puede hacer en ellos. Ayúdame a tener pies hermosos. Amén.

¿Conoces a alguien que necesite oír las buenas nuevas de salvación a través de Jesucristo? ¿Cuándo se las dirás?

34 **SEMANAS:** El bebé mide aproximadamente 43 centímetros de largo y pesa 2 kilos, y continúa creciendo y madurando. Para esta etapa de desarrollo los ojos están completamente abiertos, y si una luz brillará enfrente de sus ojos sus pupilas se encogerían. La cabeza está cubierta de cabello, las uñas ya llegaron a la punta de los dedos y a las uñas de los pies no les falta mucho. Los pulmones todavía se están desarrollando, así que si el bebé naciera en esta etapa, necitaría ayuda para respirar.

Hijos Poderosos

Lee Salmos 112

¡Aleluya! ¡Alabado sea el Señor! Dichoso el que teme al Señor, el que haya gran deleite en sus mandamientos. Sus hijos dominarán el país; la descendencia de los justos será bendecida. (vv. 1–2)

Este versículo describe a alguien que le teme al Señor. Esta es una persona que ve a Dios por lo que Él es y lo honra y respeta; que se deleita en sus mandamientos. Ella ama honrar y obedecer a su Dios. Ella es generosa, justa y compasiva. Ella no tiene miedo porque cree en su Dios para cuidar de sus circunstancias. Ella no tiene miedo de compartir con otros porque ella sabe que Dios proveerá para ella.

La Biblia dice que cosas buenas vendrán para esta persona. Ella triunfará sobre sus enemigos. Ella será redimida para siempre. Dios promete bendiciones para sus hijos también. Sus hijos serán fuertes y serán bendecidos.

Si amas honrar y obedecer a Dios, tus hijos serán bendecidos. Tu temor hacia el Señor traerá bendiciones para tus hijos. Es una promesa.

Señor, gracias por la promesa de bendecir a mis hijos mientras yo te temo y me deleito en tus mandamientos. Acércame a Ti. Ayúdame a andar en tus caminos. Estoy muy agradecida de poder traer bendición a mis hijos a través de mis acciones. Enséñame cómo hacerlo. Amén.

¿Amas obedecer los mandamientos de Dios? ¿Hay algún mandamiento que te cueste obedecer? Dile al Señor como lo quieres servir y en qué áreas necesitas de la ayuda de Dios para ser obediente.

El Amor Nunca Falla

Lee 1 Corintios 13

El amor no se deleita en la maldad sino que se regocija con la verdad. Todo lo disculpa, todo lo cree, todo lo espera, todo lo soporta. El amor jamás se extingue, mientras que el don de profecía cesará, el de lenguas será silenciado y el de conocimiento desaparecerá. (vv. 6–8)

    ¿Alguna vez has sido decepcionada por alguien que se supone que te amaba?

    ¿Alguien alguna vez te dijo que te amaría por siempre y resultó en una mentira? Todos queremos que alguien nos ame por siempre sin que nos decepcionen. La Biblia habla acerca de este tipo de amor. Este amor es paciente, gentil y no mantiene el récord de nuestros errores. Este amor protege, confía y nunca se rinde. Este amor no se enoja fácilmente y no es grosero. Este es el amor perfecto. Este es el amor de Dios. El amor de Dios no necesita perfección de parte de nosotros. Es un amor que no se rinde sin importar cuántas veces nos equivoquemos. Las personas siempre te decepcionarán, aun las mejores personas. Pero estás a salvo con Dios. Él sabe cuáles son las cosas más malas que has hecho. Él conoce tus pensamientos más oscuros y aun así te ama. Eres importante para Él.

Querido Dios, gracias por amarme tanto. Ayúdame a recordar cuánto me amas y a amar a las personas en mi vida. En nombre de Jesús, amén.

Escribe acerca de lo que quiere decir amar a una persona como Dios lo hace. Describe una relación perfecta de amor. ¿Cómo mostrarás amor a tu hijo?

Formando de Nido

Lee Salmos 84

*Señor Todopoderoso, rey mío y Dios mío, aun el gorrión
halla casa cerca de tus altares; también la golondrina
hace allí su nido, para poner sus polluelos.* (v. 3)

Estás acercándote al nacimiento de tu bebé. Tu mente debe
estar llena de emociones y puede que estés muy cansada. Las
mamás pasan por algo llamado "hacer el nido." Muchas mujeres
tienen de repente un brote de energía, la que hace que limpien
la casa y preparen el cuarto del bebé. Se llama "hacer el nido"
porque esta preparación se compara al de la mama pájaro que
prepara el nido para sus bebés.

La Biblia dice que Dios también está preparando un lugar
para sus hijos. El cielo es un lugar de mucho gozo. En el cielo no
habrá sufrimiento, hambre, sed y no habrá lágrimas (Apocalipsis 7:16–17). Así como estás planeando y preparando un lugar
hermoso para tu bebé, Dios está preparando un lugar hermoso
y seguro para ti. Jesús dijo, *"En el hogar de mi Padre hay muchas
viviendas; si no fuera así, ya se lo habría dicho a ustedes. Voy
a prepararles un lugar. Y si me voy y se lo preparo, vendré para
llevármelos conmigo. Así ustedes estarán donde yo esté"* (Juan

14:2–3). ¡Si has creído en Cristo Jesús para salvación, tienes un hogar, un hermoso hogar, esperando por ti en el cielo!

Oh Señor, estoy tan agradecida por mi hogar en el cielo y por mi hogar en la tierra. Por favor ayúdame a convertir mi hogar en un lugar seguro y feliz para mi bebé. Ayúdame también a enseñarle a mi hijo acerca de nuestro hogar en el cielo. En nombre de Jesús, amén.

Escribe acerca de las preparaciones que estás haciendo para la venida de tu bebé.

Pequeñas Chispas, pero un Gran Fuego

Lee Santiago 3:2-12

Así también la lengua es un miembro muy pequeño del cuerpo, pero hace alarde de grandes hazañas. ¡Imagínense qué gran bosque se incendia con tan pequeña chispa! (v. 5)

El fuego es extremadamente destructivo. El fuego causa perdida de propiedades y aun de vidas todos los días. Muchas veces el fuego empieza por un inocente error; alguien se queda dormido mientras estaba fumando, tira una candela, deja algo quemándose en la cocina. Lo que comienza como algo sin importancia termina siendo una gran pérdida. Algunas veces el fuego es ocasionado con malas intenciones. La persona busca destruir, y el fuego es su método.

La Biblia compara a nuestras lenguas con el fuego. Podemos destruir muy rápido usando nuestra lengua. Una palabra sin pensar puede causar un daño invisible. Muchos de nosotros podemos recordar palabras feas que nos dijeron sin pensar, que se repiten en nuestra mente por muchos años. También recordamos cosas maliciosas que nos dijeron en enojo. Las palabras son armas poderosas. Cuando alguien nos apuñala por la espalda, las palabras son normalmente el cuchillo. Ten mucho cuidado de tus palabras, y más aun con el inminente nacimiento de tu hijo. Tu hijo estará escuchando cada una de tus palabras por muchos años. Usa tus palabras para decirle que lo amas y que Dios lo ama. Usa tus palabras para enseñarle a servir al Dios que lo ama. Bendícelo con tu boca.

Padre, confieso que mis palabras no siempre te agradan. Ayúdame a aprender a ser cuidadosa en mi hablar y a usar mis palabras para bendecir, no maldecir. En nombre de Jesús, amén.

¿Has usado mal tus palabras? ¿Chismes, mentiras, maldiciones o enojo? ¿Tienes que pedirle a alguien perdón? ¿Cómo usarás tus palabras para bendecir a tu hijo y a otros?

Fecha de Nacimiento

Lee Lucas 2:1-20

Y, mientras estaban allí, se le cumplió el tiempo. (v. 6)

María llevaba en su vientre al hijo de Dios llamado Jesús y se acercaba la fecha de nacimiento. Ella sí que estaba llena de emociones, asi como tú. Tal vez le dolía la espalda, y probablemente estaba muy cansada. Pero un decreto había sido dado y ella tenía que viajar un largo viaje hasta Belén para registrase en el censo. Ella probablemente tuvo que viajar muchos kilómetros sentada sobre el lomo de un asno.

¡Suena muy incómodo para una mujer que está en el final de su embarazo! ¿Verdad? De todas formas, esta era la ley, así que María hizo el viaje. Mientras ella estaba ahí, así como Dios lo había planeado, Jesús nació. María dio a luz al hijo de Dios que vino a salvarnos de nuestros pecados. ¡Qué evento tan bendecido!

Tú te estás preparando para tu momento de bendición. Aunque tu bebé no va a salvar al mundo del pecado, Dios tiene un gran plan para él. Él planeo la vida de tu hijo antes de la fundación del mundo, y Él te escogió para ser su madre. Tú fuiste escogida, honrada y privilegiada para ser la que crie a tu hijo, para ser la persona que Dios quiere que sea. El Señor te dio esta tarea, y Él te dará todo lo que necesites para cumplirla. Pon tu mirada en Él y te guiará.

Señor, te agradezco por haberme dado a este niño. Te pido que me ayudes a criarlo para honrarte y servirte. Gracias por salvarme. Amén.

Escribe acerca de cómo crees que María se sintió al dar a luz a Jesús esa noche. ¿Cómo te sientes acerca de dar a luz tan pronto?

Comienzos

Lee Romanos 12:1–2

No se amolden al mundo actual, sino sean transformados mediante la renovación de su mente. Así podrán comprobar cuál es la voluntad de Dios, buena, agradable y perfecta. (v. 2)

A todos nos gustan los nuevos comienzos. Muchos de nosotros celebramos el año nuevo porque estamos buscando un nuevo comienzo, algo nuevo. Nuevos comienzos traen esperanza y promesa. Sin importar lo que haya sucedido en el pasado, podemos empezar otra vez. Vemos hacia el futuro con esperanza porque creemos que las cosas pueden y serán mejor.

El nacimiento de un niño es un tiempo de grande gozo y esperanza. Mientras miras a los ojos de tu bebé, puedes ver las cosas hermosas que van a venir. Un nuevo nacimiento está lleno de promesa. Tu hijo verá las cosas que tú viste con nuevos ojos, y ella verá cosas que tú nunca viste. Vas a experimentar la vida nuevamente a través de sus ojos.

En Jesús, siempre hay esperanza y promesas. Dios no solo nos promete cambio sino también transformación. Él nos cambia completamente cuando creemos en Cristo nuestro Salvador. La Biblia lo llama nacer de nuevo. Él promete transformación. Así como Él cambia un capullo feo a una mariposa hermosa. Él toma algo feo y roto en nuestras vidas y lo reemplaza con gozo y paz.

Señor, te agradezco por la vida eterna en Cristo y por la vida de mi hijo. Te agradezco por los nuevos comienzos y por tu misericordia cada día. Te amo. Amén.

¿Cuáles son algunas cosas de las que estas entusiasmada de experimentar a través de los ojos de tu hijo?

SEMANA 40

40 **SEMANAS:** El bebé mide cerca de 50 centímetros y puede pesar de 3 a 3 kilos y medio. Ella o él tiene un cuerpito gordo y un agarre fuerte. Normalmente, el bebé está de cabeza abajo en el pelvis de la madre esperando su nacimiento.

Hora de Comer

Lee 2 Timoteo 3:10–17

Desde tu niñez conoces las Sagradas Escrituras, que pueden darte la sabiduría necesaria para la salvación mediante la fe en Cristo Jesús. (v. 15)

Parece que los recién nacidos siempre están comiendo. Si estás dando de amamantar o dando biberón, sientes que siempre le estas dando de comer a tu bebé. Justo cuando piensas que tienes un tiempo para bañarte, relajarte, comer, tu bebé empieza a llorar, pidiéndote que le des de comer nuevamente. Se siente como que nunca tiene suficiente; su hambre nunca se sacia.

Dios creó a tu hijo para que se alimentara tanto porque él está creciendo mucho. Él necesita comida para crecer y desarrollarse apropiadamente. Darle de comer a tu bebé también sirve para otro propósito. Te da el tiempo de estar con él. Cuando le das de comer a tu bebé estas satisfaciendo sus necesidades, estás creando un lazo de confianza que va a durar toda la vida. Ella tiene hambre, y tú la tomas en tus brazos y le das lo que necesita. Ella se da cuenta que no está sola y que tu estás ahí para satisfacer sus necesidades. Ella está a salvo a tu cuidado.

También estás a salvo en los brazos de Jesús. Dios dice que su Palabra es como alimento para nuestro espíritu. Tenemos que leer la palabra de Dios, la Biblia, para que podamos ser saludables y fuertes. La Biblia nos da la fuerza que necesitamos para hacer nuestro trabajo. Aun en estos días tan ocupados en los que estás cuidando a tu bebe, no te olvides de alimentar tu espíritu leyendo la palabra de Dios. Léela en voz alta algunas veces. ¡A tu bebé le va a encantar!

Señor, eres bueno y Tu misericordia dura para siempre. Gracias por Tu palabra, Tu hijo y mi hijo. Amén.

¿Cuál es tu parte favorita de la Biblia? Escribe cómo vas a decirle a tu hijo acerca de lo que Dios ha hecho para ti.

Para Ti,

Gracias por permitirme compartir en este tiempo importante de tu vida. Estoy muy agradecida con Dios y contigo por haberme permitido ser parte de este viaje. Dios pudo haber escogido a cualquier persona para ser la madre de tu hijo y Él te escogió a ti. Dios nunca se equivoca, así que puedes estar segura que eres la indicada para el trabajo. Mantén tu mirada en Él y Él continuará guiándote.

Con amor,
Melissa

Una Oración para Ti

Querido Padre,

Muchísimas gracias por esta madre y este hijo. Oro para que bendigas a esta madre con coraje y gracia para que pueda enseñarle a su hijo a conocerte y amarte. Te agradezco porque le darás todo lo que necesita para ser la madre que su bebé necesita. Te pido que traigas personas piadosas a su vida para que la apoyen y la guíen. Te pido las más grandes bendiciones para este bebé. Oro para que este bebé sea fuerte y saludable y que llegue a conocerte y conozca tu amor desde muy temprana edad. ¡Bendice a esta familia en gran manera!

En el nombre precioso de Jesús,
Amén

Lee Salmos 139: "¡Te alabo porque soy una creación admirable!
¡Tus obras son maravillosas, y esto lo sé muy bien!" (v. 14). Escribe
una carta a tu hijo diciéndole acarca du día de nacimiento. Dile
como te sientes y tus sueños para su vida.

"Olviden las cosas de antaño; ya no vivan en el pasado. ¡Voy a hacer algo nuevo! Ya está sucediendo, ¿no se dan cuenta? Estoy abriendo un camino en el desierto, y ríos en lugares desolados" (Isaías 43:18–19). *Estás empezando una etapa nueva en tu vida. Refleja en cómo has cambiado durante el año pasado y todo nuevo que te emociona.*

"Jesús siguió creciendo en sabiduría y estatura, y cada vez más gozaba del favor de Dios y de toda la gente" (Lucas 2:52). Tú y tu bebé crecerán y cambiarán juntos. ¿Cómo lo vas a enseñar acerca de Jesús?

"Preocupémonos los unos por los otros, a fin de estimularnos al amor y a las buenas obras. No dejemos de congregarnos, como acostumbran hacerlo algunos, sino animémonos unos a otros, y con mayor razón ahora que vemos que aquel día se acerca" *(Hebreos 10:24-25). Dios no quiere que vivas la vida sola. Busca una iglesia de enseñanza bíblica dónde te sientes cómoda, un estudio de la Biblia o un grupo de madres. Escribe una lista de lugares enque puedes ponerse en contacto.*

Lee Josué 4:1-7. En esta historia, los judios guardaron las piedras como un recuerdo para enseñar a sus hijos lo que Dios había hecho por ellos. ¿Qué quieres decir a tu hijo acerca de cómo Dios ha cuidado de ti? ¿Cómo recordarás decirle?

"Como madre que consuela a su hijo, así yo los consolaré a ustedes; en Jerusalén serán consolados" (Isaias 66:13). Escribe acera del amor y consuelo de Dios para ti. Si te gustaría seguir leyendo la Biblia y escribiendo tus pensamientos semanales como una madre, tal ves quieres usar La Esperanza de una Madre, *un devocional para usar en el primer año de su bebé.*